Coup de théâtre à l'école

Jo Hoestlandt est née en 1948. Enfant, c'était une grande menteuse, et ses parents lui disaient d'arrêter de « raconter des histoires ». Mais des histoires, elle passe sa vie à en raconter. *La Grande Peur sous les étoiles*, publié aux éditions Syros, a obtenu plusieurs prix internationaux.

Du même auteur dans Bayard Poche :
La nuit de la rentrée (Mes premiers J'aime lire)
Émile bille de clown - La maison de mon grand-père - Tempête à la maison - La maîtresse est amoureuse - Le poème secret - Copain ! - Le journal de Miss Pétoche (J'aime lire)

Claude et Denise Millet ont fait leurs études aux Arts décoratifs de Paris. Depuis, ils dessinent pour la publicité, la presse et l'édition.

Dans Bayard Poche, Claude et Denise Millet ont illustré :
La charabiole - La marelle magique - Les cent mensonges de Vincent - Hors jeu - Il était trois fois - L'ami des nuages (J'aime lire)

Seizième édition

Dépôt légal : avril 2013
ISBN : 978-2-7470-4534-6
Loi 49 - 956 du 16 juillet 1949 sur les publications destinées à la jeunesse.

Imprimé en France par Pollina - L64302B

Coup de théâtre à l'école

Une histoire écrite par Jo Hoestlandt
illustrée par Claude et Denise Millet

J'AIME LIRE

bayard jeunesse

1
Mon amie Flore

Je m'appelle Mona et je suis d'origine africaine. J'habite un vieil immeuble un peu loin de l'école. Mais cela ne me déplaît pas. Jusqu'à la semaine dernière, je choisissais mon chemin tous les matins pour me rendre en classe.

Le lundi, je passais par la rue du Chat-qui-

pense. C'est une rue bordée de grands arbres. Les maisons sont protégées par de gros chiens et de hautes grilles pointues. Flore habite cette rue-là. Je sonnais à sa porte ; la grille s'ouvrait toute seule et Flore apparaissait. Elle disait : « Couché ! » à son chien ; il se couchait et la grille se refermait.

J'aimais beaucoup Flore. Tout est beau chez elle. Elle habite une belle maison, dans une belle rue, elle porte de beaux habits, elle a un beau cartable. Et elle est si belle que tout le monde la croit lorsqu'elle dit :

– Plus tard, je serai actrice de cinéma.

Flore était toujours gentille avec moi. Ses vieux livres, elle me les donnait. Ses vieilles chaussures, elle me les donnait. Elle me donnait aussi des conseils, et elle m'aidait à apprendre mes leçons. Bref, je l'adorais ! Mais c'est seulement le lundi que je passais la chercher rue du Chat-qui-pense. Les autres jours, son père l'emmène en voiture. Alors, ce n'était pas la peine que je vienne.

Ces jours-là, je passais par la rue des Rosiers, où jamais une fleur ne pourra pousser parce qu'il n'y a pas de jardins, juste des immeubles de quatorze étages. C'est là qu'habitent Jules et Selim, qui sont aussi dans ma classe. Mais eux, je ne les attendais pas : en cours de route, ils escaladaient les bancs, les murs, ils caressaient les chiens et les chats errants, ils sonnaient aux Interphones pour s'amuser... Alors, forcément, ils n'étaient pas près d'arriver !

Mais tout ça, c'était avant. Avant que la maîtresse nous annonce une drôle de surprise.

2
L'idée de la maîtresse

Tout a commencé mardi dernier, lorsque la maîtresse a décidé qu'on allait donner un beau spectacle pour les parents. Elle a annoncé :

– Vous allez jouer le célèbre conte *Blanche-Neige et les sept nains.*

On était tous très excités. Toutes les filles voulaient être Blanche-Neige, et tous les garçons, le prince charmant. Flore a dit :

– Ce serait pratique si j'étais Blanche-Neige parce que j'ai déjà une robe de princesse...

J'étais bien d'accord. Comme princesse, Flore, on ne pouvait pas rêver mieux !

Mais Nancy s'est écriée :

– Ce serait plus juste si c'était moi Blanche-Neige puisque j'ai été la première ce mois-ci !

Ah ! On va le savoir, que Nancy a été la

première cette fois-ci ! Elle nous le répète dix fois par jour !

D'habitude, la première, c'est Flore. Mais ce mois-ci, elle n'a pas pu être première parce que son papa l'a fait opérer des amygdales et des végétations. Et Nancy en a profité pour lui voler sa place de première !

À son retour, Flore m'a ordonné de ne plus parler à Nancy : c'est une fausse première.

Toutes les filles voulaient que Baptiste soit le prince charmant parce que c'est le plus beau garçon de la classe.

– Bof ! ont ronchonné les autres garçons, Baptiste n'a même pas de biceps ! Les vrais princes sont des costauds, sinon il n'y aurait plus de bagarre avec les dragons et les sorcières !

– Ça pourrait être moi, le prince, a crié Jules. J'ai une épée laser, des dents de vampire et je

sais faire du karaté. Alors ce n'est pas une vieille avec une pomme pourrie qui va m'enquiquiner et me piquer ma princesse !

Comme tout le monde continuait de se disputer, j'ai proposé :

– Maîtresse, si on tirait les rôles au sort ? Je pensais : « Comme ça, Jules et Nancy seront bien attrapés ! »

La maîtresse m'a souri. J'aime beaucoup quand elle me sourit à moi toute seule.

– Excellente idée, Mona ! a-t-elle dit.

J'étais toute contente d'avoir eu une excellente idée. J'ai regardé Flore. Elle avait un drôle d'air : méchant ou boudeur. Un air pas joli sur sa jolie figure. Alors, tout à coup, je me suis demandé si mon idée était aussi bonne que ça...

3

Étonnante Blanche-Neige !

Tout le monde s'est précipité vers la corbeille à papier pour en retirer son rôle. Baptiste s'est exclamé :

– Ah ! Crotte ! Je suis le vieux roi ! À mon âge ! Je n'y crois pas.

– Moi, je suis le chasseur, a dit Selim. C'est à moi que cette saleté de reine a ordonné de zigouiller Blanche-Neige !

Mais Jules était fou de joie. Il s'est écrié :

– C'est moi ! C'est moi, le prince charmant ! C'est écrit là. Hourra ! C'est moi qui vais embrasser la princesse !

Les filles n'étaient pas contentes. Elles pensent que Jules est un voyou, et elles ne l'aiment pas beaucoup.

– Puisque c'est comme ça, a dit Flore, moi, je vous préviens que je ne veux plus être Blanche-Neige.

Mais elle a tout de même lu son petit papier. C'était écrit : « Atchoum, petit nain. » Flore a haussé les épaules. Elle a dit :

– C'est absurde ! Papa m'a fait opérer des végétations pour que je ne sois plus JAMAIS enrhumée...

J'étais bien d'accord avec elle, mais je n'ai pas eu le temps de le dire parce que ce que j'ai lu sur mon papier m'a fait éclater de rire :

– Ça alors, regardez ! C'est moi, Blanche-Neige !

Toute la classe s'est mise à rire. C'était moi, Mona, l'Africaine à la peau noire comme l'ébène*, qui devais jouer Blanche-Neige ! À force de rire, j'en pleurais un peu...

Dans la classe, c'était une belle pagaille. Jules faisait semblant de m'embrasser, Selim faisait mine de m'assassiner, les filles gloussaient comme des poules en me regardant.

Tout à coup, la maîtresse s'est mise en colère, si brusquement qu'on a tous eu peur.

* L'ébène est un bois noir et très lisse.

– Silence ! a-t-elle hurlé. Le premier que j'entends ira au fond de la classe recopier tout le livre de Blanche-Neige. C'est clair ?

Elle semblait drôlement fâchée, alors j'ai essayé de tout arranger.

– Maîtresse, ai-je dit, puisque je ne peux pas être Blanche-Neige, je donne mon rôle à Flore.

Flore m'a souri. Mais la maîtresse a dit d'un ton sec :

– Non. On a tiré au sort, chacun a son rôle, un point c'est tout.

J'ai commencé à me sentir inquiète. J'ai murmuré :

– Mais tout le monde va se moquer de moi...

– Ça, c'est sûr ! a dit Flore d'un ton si catégorique que ça m'a fait froid dans le dos.

Mais la maîtresse a répliqué :

– Ne t'en fais pas, Mona, j'ai confiance. Tu seras une Blanche-Neige étonnante.

– Ça, c'est sûr ! a répété Flore.

Et, cette fois, je ne sais pas pourquoi, ça m'a fait de la peine...

4

Trois longues pages

Comme chacun savait quel personnage il allait être, la maîtresse a dit :

– Maintenant, apprenez bien vos rôles ! Et elle nous a distribué les textes.

– Hou là là ! a dit Jules. C'est plus long que les récitations !

Je n'en croyais pas mes yeux. J'avais trois pages à apprendre par cœur :

– Ma pauvre ! a dit Flore. Tu n'y arriveras jamais...

Nancy a ajouté :

– Dommage que ce soit tombé sur toi.

J'étais bien de leur avis.

Le soir, chez moi, j'ai essayé d'apprendre le début de mon rôle. Je me suis installée sous la table de la cuisine. J'aime bien. Ça me fait comme une petite maison à moi. Mes trois petites sœurs ont voulu venir avec moi. J'aurais bien joué un peu avec elles, mais maman les a chassées :

– Laissez Mona apprendre ses leçons !

Elle s'est mise à éplucher les légumes sur la table, et moi, j'ai commencé à lire mon rôle :

– *Ma mère m'a appelée Blanche-Neige parce qu'elle souhaitait une fille à la peau blanche comme neige...*

Ma mère à moi a passé la tête sous la table et m'a demandé :

– Qu'est-ce que tu récites là ?

– C'est Blanche-Neige, Maman. On va faire une pièce de théâtre, et je dois jouer le rôle principal...

Maman s'est exclamée :

– Ça alors ! La peau blanche comme neige ! Il vaut mieux entendre ça que d'être sourde ! Moi, je peux te jurer que je voulais une petite fille à la peau noire comme l'ébène, tu m'entends !

Elle avait l'air en colère. Je ne sais pas si c'est parce que je la voyais la tête à l'envers !

Mes trois petites sœurs sont revenues et se

sont glissées à côté de moi, sous la table. Maman continuait de ronchonner en épluchant ses légumes, et elle ne les a pas chassées de là. J'ai bougonné :

– Vous voulez que je vous raconte Blanche-Neige ?

Elles se sont mises toutes les trois à sucer leur pouce, ce qui voulait dire oui. Je leur ai raconté cette histoire trois fois. À la fin, j'en avais tellement assez que j'aurais souhaité que la méchante reine assassine cette idiote de princesse pour de bon, et qu'on en finisse !

Le lendemain, c'était mercredi. J'allais me remettre à cette satanée Blanche-Neige, mais maman m'a dit :

– Occupe-toi plutôt de tes petites sœurs, j'ai du travail.

Ça m'a bien arrangée. Je me suis dit que je verrais ça jeudi, avec Flore.

À l'école, jeudi matin, dès que Flore est descendue de sa voiture, je lui ai annoncé :

– Je t'attendais. Je n'arrive pas à apprendre mon rôle. Tu viens m'aider ?

Mais Flore a dit :

– Je ne peux pas te parler. Ça me donne mal à la gorge.

Nancy est arrivée. Elles sont allées se mettre en rang toutes les deux en bavardant comme les meilleures amies du monde, en me laissant tomber comme une vieille chaussette !

Ça m'a fait tout drôle dans la poitrine. Comme si un petit ressort avait cassé.

5
La répétition ratée

En classe, c'est Nancy qui a commencé à réciter son rôle :

– *Miroir, mon beau miroir, dis-moi qui est la plus belle du royaume…*

Jules, caché derrière le miroir, a répondu :

– Sûrement pas toi, ma vieille !

J'ai éclaté de rire, mais la maîtresse m'a dit :

– Il n'y a pas de quoi rire, Mona.

Je me suis sentie gênée.

Quand Jules a commencé à jouer le prince, j'ai été drôlement surprise. Il était magnifique !

Pour son rôle de chasseur, Selim avait apporté un faux couteau de farces et attrapes avec la lame qui rentre dans le manche. Pour nous montrer, il nous a toutes poignardées, les unes après les autres, c'était impressionnant !

Tout d'un coup, mon tour est arrivé. J'ai avalé ma salive. Aucun son ne sortait de ma bouche. La maîtresse m'a encouragée :

– Allez, Mona, à toi.

Alors j'ai commencé :

– Ma mère m'a appelée Mona…

Je me suis arrêtée, confuse.

Les autres pouffaient.

– Voyons, Mona, a dit la maîtresse doucement, concentre-toi !

En bredouillant, j'ai recommencé :

– Ma mère m'a appelée Blanche-Noire…

La maîtresse s'est impatientée :

– Tu as fini de dire des bêtises ?

Tout le monde me riait au nez. J'ai récité à toute vitesse pour en finir au plus vite :

– *Ma mère m'a appelée Blanche-Neige parce qu'elle souhaitait une fille à la peau noire comme neige...*

C'était tellement idiot, ce que je disais, que je me suis mise à rire comme les autres. Alors la maîtresse s'est fâchée :

– Tu me déçois, Mona. Tu ne penses vraiment qu'à faire le pitre !

Je croyais que je continuais à rire, mais, en fait, il n'y avait plus que ma bouche qui souriait. Mes yeux et mon cœur pleuraient. À la fin, je me suis mise à pleurer toutes les larmes de mon corps... Dans la classe, le silence était revenu, et on n'entendait plus que le bruit de mes sanglots. Jules m'a tendu son mouchoir, qui était plein d'encre, mais ce n'était pas grave. La maîtresse essayait gentiment de m'aider :

– Calme-toi, voyons. Ce n'est pas la peine de te mettre dans un état pareil...

J'ai fini par hoqueter :

– Je… veux… pas… être… Blanche… Neige… Je… veux… donner… mon rôle… à Flore.

Flore a baissé la tête et a rougi. Jules a dit :

– Non, non. J'ai une meilleure idée. Et si l'histoire se passait en Afrique ? Si Mona devenait une princesse africaine, elle pourrait dire, par exemple : « Ma mère souhaitait une fille à la peau noire comme l'ébène, aux lèvres rouges comme le sang… »

La maîtresse a eu l'air soulagé :

– Excellente idée ! N'est-ce pas, Mona ?

Alors j'ai senti, lentement, le calme revenir en moi.

6
Perle Noire

Comme on discutait de petits changements, Selim a proposé qu'on change le nom de Blanche-Neige en Noire Quelque chose...

Tout le monde s'est mis à chercher :

– Étoile noire ! Princesse noire ! Nuit noire !...

J'ai dit timidement :

– Dans un conte africain, il y a une jeune fille qui s'appelle Perle Noire...

Tous les élèves ont trouvé ce nom génial. Jules a demandé :

– Et dans ton conte, il y a un prince aussi ?

Il avait peur de perdre son rôle. J'ai dit :

– Oui, et trois filles à marier.

Ça a fait plaisir aux autres filles de la classe.

J'ai ajouté :

– Il y a aussi un chasseur, un lion très sage et une faiseuse de pluie...

Finalement, on a beaucoup amélioré Blanche-Neige. On a gardé la sorcière, les nains, et on a rajouté le chasseur, le lion, les trois filles, la faiseuse de pluie. Ce sera Flore, la faiseuse de pluie. Elle nous a fait remarquer que c'était le rôle principal, puisque l'eau, c'est ce qu'il y a de plus important en Afrique.

Mais bon, je n'ai plus tellement le temps de m'occuper de Flore. J'aide maman à fabriquer nos costumes africains. Plusieurs autres mères sont venues chez nous demander conseil à ma maman pour les déguisements.

Depuis, il y a du mouvement à la maison. Mes petites sœurs, tout excitées, courent partout.

Pour les faire tenir tranquilles, on s'est installées sous la table, et je leur ai raconté l'histoire de Perle Noire.

J'avais à peine commencé que Jules est arrivé. Il s'est assis sous la table avec nous, et il a inventé plein de nouveaux épisodes pour mes petites sœurs. C'était de plus en plus fou. À la fin, la faiseuse de pluie avait inondé la Terre, et on était obligés de la manger pour qu'il arrête de pleuvoir. C'est dingue, tout ce que Jules peut inventer !

7
Mon ami Jules

À présent, tous les matins, je prends la rue des Rosiers. J'y retrouve Jules et Selim. On va à l'école tranquillement. En chemin on caresse les chats, les chiens, on saute les flaques. Jules ne sonne plus aux Interphones parce qu'il sait que je n'aime pas ça.

Mais on discute et on parle de nous.

Ce matin, il pleuvait à verse. Jules et moi, on avait du boulot pour sauter toutes ces flaques ! Près de l'école, on a doublé Flore qui marchait sur la pointe des pieds pour ne pas salir ses chaussures. Jules l'a appelée :

– Hou ! Hou ! La faiseuse de pluie ! Tu as peur de l'eau ?

Et pour rigoler, splatch ! il a sauté à pieds joints dans une belle flaque. Flore a été aspergée de la tête aux pieds. Elle a crié :

– Abruti ! Voyou ! Tu trouves ça drôle ?

J'ai dit :

– Elle a raison, Jules, ce n'est pas drôle !

Et pour lui montrer, splatch ! j'ai sauté à mon tour dans la flaque. Jules était trempé.

Il est ressorti de là en marchant comme Charlot. Ses souliers faisaient plot ! plot ! à chaque pas.

Flore et moi, on a ri comme des folles. J'ai bien vu que Jules aussi avait envie de rire. Mais il a bougonné :

– Si, moi, je suis un voyou, alors Mona, elle, c'est une voyelle !

On n'en pouvait plus de rire. Flore a dit :

– Arrêtez de faire les andouilles ! Si je ris trop fort, je vais attraper l'appendicite !

Il faut toujours qu'elle exagère…

On est entrés en classe. Par la fenêtre, j'ai vu que la pluie avait cessé. Il y avait même un arc-en-ciel ! Demain, peut-être, on pourra jouer notre spectacle dehors, sous le soleil, comme en Afrique !

du frisson des contes

bayard
Retrouve
chaque mois
le magazine
J'AIME LIRE
N°421
Capitaine
de jeux avec
l'Âge de glace 4 !
N°426
juillet 2012
N°428
septembre 2012
Enquête
à l'école
En vente par abonnement et chaque mois
chez votre marchand de journaux. Pour en savoir plus,
rendez-vous sur www.jaimelire.com